DEP RTES
EN ACCIÓN

Fútbol
americano
en acción

John Crossingham

🌴 Crabtree Publishing Company

www.crabtreebooks.com

Serie creada por Bobbie Kalman

Para mi buen amigo Todd,
quien probablemente se sorprenda al leer esto

Editora en jefe
Bobbie Kalman

Autor
John Crossingham

Editora ejecutiva
Lynda Hale

Editoras
Kate Calder
Hannelore Sotzek
Niki Walker

Revisoras y correctoras de estilo
Heather Fitzpatrik
Amanda Bishop

Diseño por computadora
John Crossingham
Lynda Hale

Consultor
Sam Mutz, Eastern Director,
Pop Warner Little Scholars

Consultor lingüístico
Dr. Carlos García, M.D., Maestro bilingüe de Ciencias, Estudios Sociales y Matemáticas

Agradecimiento especial a
John Jasenovsky; Jon Butler, Ron Dilatush y Pop Warner Little Scholars

Fotografías
Cortesía de Pop Warner Little Scholars: páginas 4-5, 13, 14, 15, 28
SportsChrome: Brian Drake: página de título, páginas 25, 27; Rob Tringali Jr.: páginas 12, 20
Otras imágenes de Digital Stock y Eyewire, Inc.

Ilustraciones
Todas las ilustraciones son de Bonna Rouse, excepto las siguientes: David
Calder: páginas 2 (borde), 6, 7 (parte superior y centro), 10-11, 13, 15; John
Crossingham: página 21 (pie de página); Trevor Morgan: página 7 (pie de página)

Coordinación de producción
Hannelore Sotzek

Traducción
Servicios de traducción al español y de composición
de textos suministrados por translations.com

Se ha realizado todo esfuerzo razonable a fin de obtener la autorización, en los casos que era necesario, para publicar las imágenes de los atletas que aparecen en este libro. Los editores agradecerán todo comentario sobre errores involuntarios u omisiones, de modo que puedan ser corregidos en las siguientes impresiones.

Crabtree Publishing Company
www.crabtreebooks.com   1-800-387-7650

Cataloging-in-Publication Data
Crossingham, John, 1974-
 [Football in action. Spanish]
 Fútbol americano en acción / written by John Crossingham.
  p. cm. -- (Deportes en acción)
 Includes index.
 ISBN-13: 978-0-7787-8573-6 (rlb)
 ISBN-10: 0-7787-8573-4 (rlb)
 ISBN-13: 978-0-7787-8619-1 (pb)
 ISBN-10: 0-7787-8619-6 (pb)
 1. Football--Juvenile literature. I. Title. II. Series.
GV950.7.C7618 2005
796.332--dc22
                                                        2005014798
                                                        LC

Publicado en los Estados Unidos
PMB 16A
350 Fifth Ave.
Suite 3308
New York, NY
10118

Publicado en Canadá
616 Welland Ave.,
St. Catharines,
Ontario, Canadá
L2M 5V6

Publicado en el Reino Unido
73 Lime Walk
Headington
Oxford
OX3 7AD
Reino Unido

Publicado en Australia
386 Mt. Alexander Rd.,
Ascot Vale (Melbourne)
VIC 3032

Contenido

¿Qué es el fútbol americano?

El fútbol americano es uno de los deportes de equipo más populares en América del Norte. El objetivo del juego es anotar puntos, llevando o pateando el balón a la **zona de anotación** del equipo contrincante. El equipo que anota más puntos gana. Los jugadores corren, dan pases y empujan mientras tratan de anotar e impedir que su rival anote.

Cuatro cuartos son un partido

Los partidos profesionales se dividen en cuatro períodos de quince minutos, llamadas **cuartos**. En la escuela secundaria, los cuartos duran doce minutos. Si hay un empate después de los cuatro cuartos, los equipos juegan periodos adicionales, llamados **períodos suplementarios**, o tiempos extra, de cinco minutos cada uno, hasta que un equipo anota. En las ligas juveniles, los cuartos sólo duran ocho minutos. En vez de períodos suplementarios, se juega un **desempate tipo Kansas City**, en el cual cada equipo tiene cuatro oportunidades de anotar y desempatar.

Cómo nació el fútbol americano

A fines del siglo XIX, el **rugby** era un deporte popular. Los jugadores de rugby anotaban puntos cuando llevaban el balón sobre las líneas al fondo del campo de juego. En 1880, un estadounidense llamado Walter Camp cambió el rugby para hacerlo más organizado. Por ejemplo, los equipos tenían que colocarse frente a frente sobre una línea y esperar un conteo antes de moverse. La versión del rugby creada por Camp se convirtió en el fútbol americano.

Ofensiva y defensiva

Un equipo puede tener muchos jugadores, pero sólo once pueden jugar a la vez. El equipo que tiene el control del balón es el **ofensivo**. Sus jugadores tratan de anotar corriendo y pasando el balón hacia la zona de anotación.

El equipo que no tiene el control del balón es el **defensivo**. Sus jugadores tratan de recuperar el control del balón e impedir que el rival anote. Ambos equipos tienen jugadores ofensivos y defensivos.

Elementos fundamentales

Los jugadores son empujados y **tacleados**, es decir, sujetados y derribados al suelo. Necesitan mucho equipo de protección. Este equipo puede ser caro, pero no oirás a ningún jugador quejarse de ello. El fútbol americano es un deporte rudo, así que la protección es cosa seria, incluso en las prácticas. Si no usas el equipo adecuado, el árbitro no te permitirá jugar.

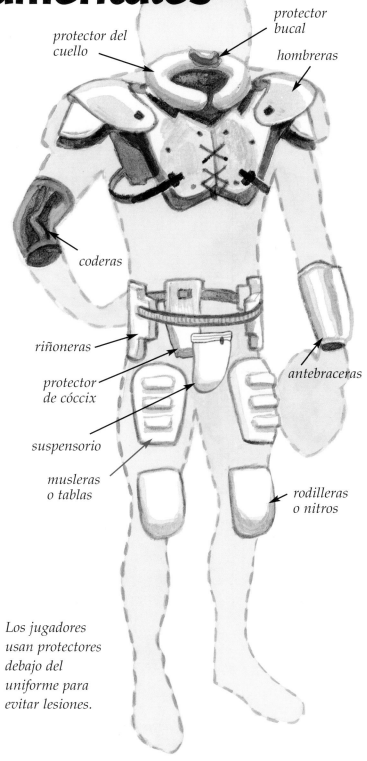

protector del cuello

protector bucal

hombreras

coderas

riñoneras

protector de cóccix

suspensorio

musleras o tablas

antebraceras

rodilleras o nitros

Los jugadores usan protectores debajo del uniforme para evitar lesiones.

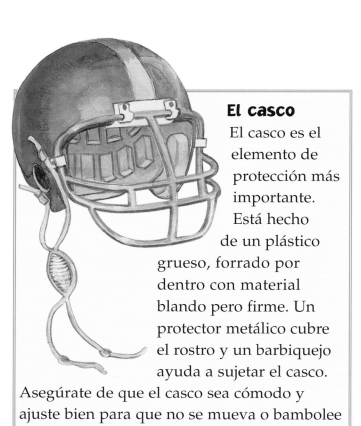

El casco

El casco es el elemento de protección más importante. Está hecho de un plástico grueso, forrado por dentro con material blando pero firme. Un protector metálico cubre el rostro y un barbiquejo ayuda a sujetar el casco. Asegúrate de que el casco sea cómodo y ajuste bien para que no se mueva o bambolee durante el juego.

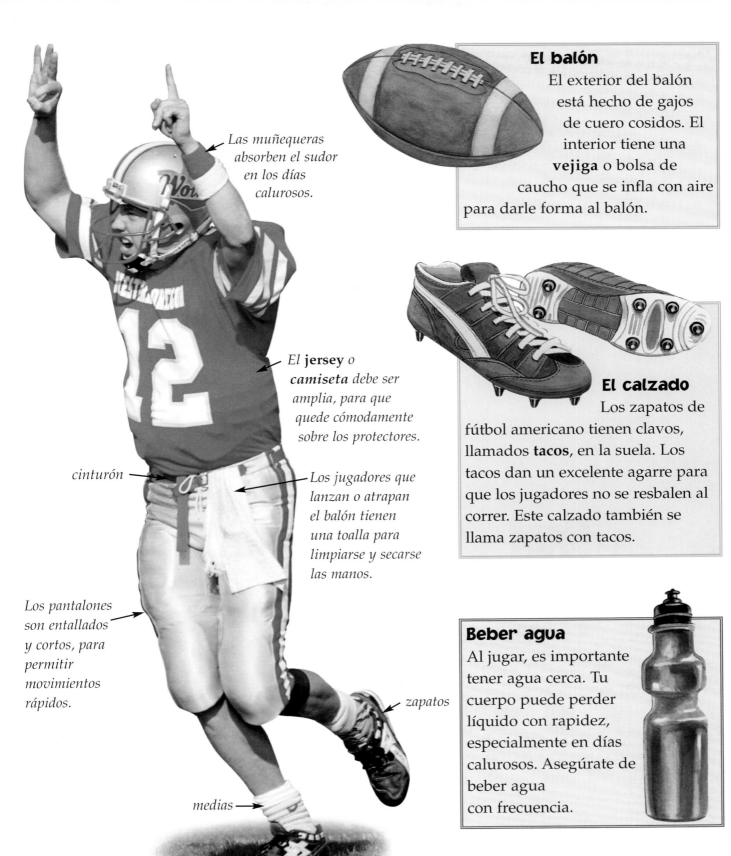

Las muñequeras absorben el sudor en los días calurosos.

El balón
El exterior del balón está hecho de gajos de cuero cosidos. El interior tiene una **vejiga** o bolsa de caucho que se infla con aire para darle forma al balón.

El **jersey** o **camiseta** debe ser amplia, para que quede cómodamente sobre los protectores.

cinturón

Los jugadores que lanzan o atrapan el balón tienen una toalla para limpiarse y secarse las manos.

El calzado
Los zapatos de fútbol americano tienen clavos, llamados **tacos**, en la suela. Los tacos dan un excelente agarre para que los jugadores no se resbalen al correr. Este calzado también se llama zapatos con tacos.

Los pantalones son entallados y cortos, para permitir movimientos rápidos.

zapatos

Beber agua
Al jugar, es importante tener agua cerca. Tu cuerpo puede perder líquido con rapidez, especialmente en días calurosos. Asegúrate de beber agua con frecuencia.

medias

Precalentamiento

Antes de la práctica o de un juego, es importante estirar y calentar los músculos. El precalentamiento afloja los músculos para que puedas moverte mejor y ayuda a evitar lesiones, como tirones y esguinces. Haz movimientos lentos. Nunca saltes y nunca estires los músculos más de lo que te resulte cómodo.

Círculos con el tronco

Coloca los pies abiertos a la anchura de los hombros y pon las manos sobre la cadera. Mantén los pies bien apoyados en el suelo y gira la cadera en círculo. Haz tres círculos hacia la derecha y tres hacia la izquierda.

Círculos con los brazos

Gira los brazos haciendo grandes círculos. Reduce gradualmente el tamaño de los círculos hasta que los brazos hagan círculos pequeños hacia los costados. Cambia de dirección comenzando con círculos pequeños y terminando con círculos gigantes.

Estiramiento del cuello

Es fácil lesionarse el cuello, así que estíralo con cuidado. Inclina la cabeza hacia delante para que el mentón apunte hacia el pecho. Luego gira la cabeza lentamente hacia un hombro y luego hacia el otro. No gires la cabeza hacia atrás ni más de lo que te resulte cómodo.

Estiramiento de cuádriceps

Párate sobre el pie izquierdo y usa la mano izquierda para apoyarte en una pared. Levanta el pie derecho por detrás hasta que lo puedas tomar con la mano derecha. Tira suavemente hasta que sientas la tensión en la parte delantera de la pierna. Sostén la posición, cuenta hasta diez y luego estira la otra pierna.

Estiramiento de tobillos

Siéntate en el suelo con una pierna estirada. Dobla la otra para poder tomarte el pie. Gíralo suavemente en círculos. Haz diez círculos hacia un lado, detente y luego haz diez círculos hacia el otro lado. Cambia de pierna.

Zancadas

Párate con los pies separados a la anchura de los hombros. Dobla las rodillas hasta que sientas la tensión en la parte interna de la pierna derecha. Sostén la tensión y cuenta hasta cinco. Enderézate y cambia de lado.

Estiramiento en "V"

Siéntate con las piernas en "V". Estira los brazos frente a ti hasta que sientas tensión en la parte trasera de las piernas y nalgas. Sostén la tensión y cuenta hasta diez.

Bienvenidos al campo de juego

El fútbol americano se juega en un campo rectangular que mide 120 yardas (110 m) de largo y 160 pies (49 m) de ancho. Hay dos zonas de anotación en las últimas diez yardas (9 m) de cada extremo del campo. Cada equipo defiende su zona de anotación contra el rival, que intenta anotar un *touchdown*, que vale seis puntos. Un *touchdown* se anota cuando un jugador atrapa o lleva el balón a la zona de anotación del rival.

Después de anotar un *touchdown*, el equipo tiene la oportunidad de anotar una **conversión**. Hay dos tipos de conversiones. La primera es la **conversión de un punto**, o **punto extra**, en la cual el pateador patea el balón entre los **postes**. La segunda es la **conversión de dos puntos**, en la que el equipo comienza en la yarda tres y tiene una sola oportunidad de correr o pasar el balón a la zona de anotación del rival.

La patada inicial
El partido comienza con una patada inicial o patada de salida, que se muestra a la derecha. Antes del partido, los equipos lanzan una moneda. El equipo que gana el sorteo elige si va a patear o recibir. Un jugador del equipo que patea, llamado **pateador**, realiza la patada inicial. Patea el balón, que está sobre una **base** de goma, como se muestra arriba. Los jugadores del equipo receptor, llamados **regresadores de patadas**, atrapan el balón.

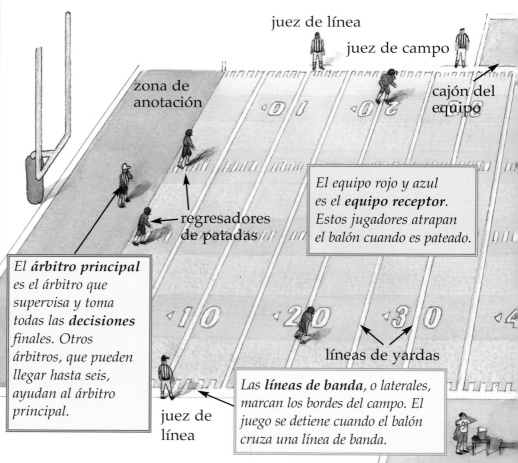

juez de línea

juez de campo

zona de anotación

cajón del equipo

*El equipo rojo y azul es el **equipo receptor**. Estos jugadores atrapan el balón cuando es pateado.*

regresadores de patadas

*El **árbitro principal** es el árbitro que supervisa y toma todas las **decisiones** finales. Otros árbitros, que pueden llegar hasta seis, ayudan al árbitro principal.*

líneas de yardas

juez de línea

*Las **líneas de banda**, o laterales, marcan los bordes del campo. El juego se detiene cuando el balón cruza una línea de banda.*

Intentos

La ofensiva tiene cuatro **intentos** u oportunidades para avanzar el balón por lo menos diez yardas. La defensiva trata de impedirlo, tacleando al jugador que lleva el balón. Si la ofensiva avanza las diez yardas, se le otorga un nuevo **primer intento**. Ahora la ofensiva tiene cuatro nuevos intentos para avanzar el balón otras diez yardas. Si a un equipo se le acaban los intentos antes de avanzar el balón diez yardas, el otro equipo gana la posesión del balón.

Usa el botín

En vez de arriesgarse a perder el balón en su posición actual, un equipo en su cuarto intento puede elegir patear el balón. Si el equipo está cerca de los postes, puede intentar patear un **gol de campo**, que vale tres puntos. Para anotar un gol de campo, el balón pateado debe pasar entre los postes de la zona de anotación del otro equipo. El equipo también puede **despejar**, es decir, patear el balón hacia la zona de anotación del otro equipo. Si deseas saber más sobre los goles de campo y las patadas de despeje, consulta la página 26.

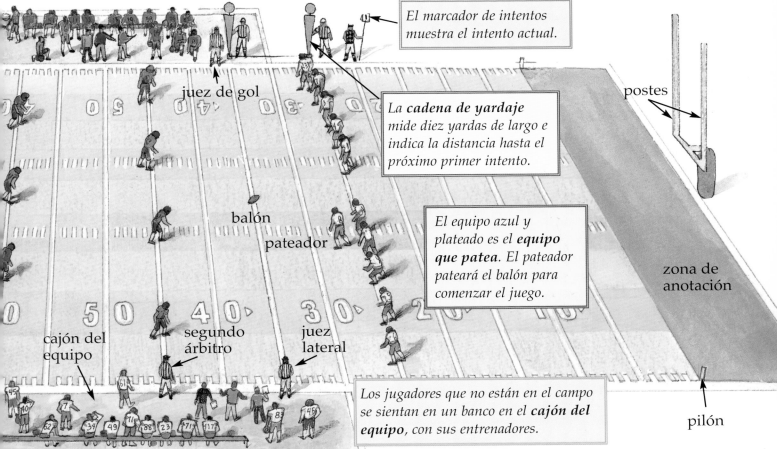

El marcador de intentos muestra el intento actual.

juez de gol

La **cadena de yardaje** mide diez yardas de largo e indica la distancia hasta el próximo primer intento.

postes

balón

pateador

El equipo azul y plateado es el **equipo que patea**. El pateador pateará el balón para comenzar el juego.

zona de anotación

cajón del equipo

segundo árbitro

juez lateral

Los jugadores que no están en el campo se sientan en un banco en el **cajón del equipo**, con sus entrenadores.

pilón

Ofensiva: hacia delante

Los jugadores ofensivos de un equipo tienen una meta principal: ¡avanzar siempre! Cuando avanzan, no sólo logran un primero y diez y conservan el balón, sino que además se acercan a la zona de anotación y a la posibilidad de anotar un *touchdown*. El movimiento de avance se llama **serie ofensiva**. En una serie ofensiva, cada una de las once posiciones ofensivas tiene un papel específico.

Al comienzo de cada intento, el árbitro principal pone el balón en la **línea de golpeo**. Esta línea imaginaria cruza el campo donde la defensiva detuvo el avance del balón en el intento anterior. Los equipos se colocan frente a frente sobre esta línea. Ningún jugador puede cruzarla hasta que el **centro** del equipo ofensivo **centre** el balón, es decir, lo entregue hacia atrás al **mariscal de campo**.

Formación ofensiva

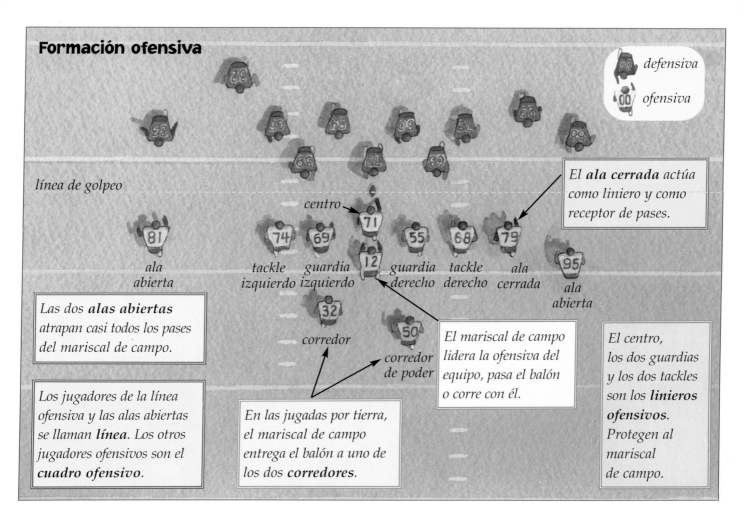

defensiva

ofensiva

línea de golpeo

centro

El **ala cerrada** actúa como liniero y como receptor de pases.

81

ala abierta

74

tackle izquierdo

69

guardia izquierdo

71

12

55

guardia derecho

68

tackle derecho

79

ala cerrada

95

ala abierta

32

corredor

50

corredor de poder

El mariscal de campo lidera la ofensiva del equipo, pasa el balón o corre con él.

Las dos **alas abiertas** atrapan casi todos los pases del mariscal de campo.

Los jugadores de la línea ofensiva y las alas abiertas se llaman **línea**. Los otros jugadores ofensivos son el **cuadro ofensivo**.

En las jugadas por tierra, el mariscal de campo entrega el balón a uno de los dos **corredores**.

El centro, los dos guardias y los dos tackles son los **linieros ofensivos**. Protegen al mariscal de campo.

Equipos especiales

Los **equipos especiales** son grupos de jugadores usados cuando un equipo intenta un gol de campo o despeja. La mayoría de esos jugadores también tienen una posición ofensiva o defensiva. Algunos de estos equipos son las **unidades de gol de campo, unidades de patadas de despeje** y **unidades de devolución de patadas**. Algunas de las posiciones en estos equipos especiales son:

Pateador: patea el balón en la patada inicial, los goles de campo y los despejes.

Sujetador: sostiene el balón para el pateador en los intentos de gol de campo.

Regresador de patadas: atrapa los despejes del contrincante y corre con el balón hacia la zona de anotación.

Defensiva: ¡nadie pasará!

Los jugadores defensivos tratan de impedir que su rival avance y anote. Cada jugador defensivo tiene un contrincante que **cubrir**, es decir marcar de cerca, para impedir que pase o corra. La defensiva debe estar lista para cualquier tipo de jugada que haga el rival. A veces los jugadores defensivos **cargan**, es decir, corren hacia delante en un gran grupo para sorprender al mariscal de campo rival cuando éste tiene el balón. La carga muchas veces detiene el ataque del rival antes de que empiece. La defensiva tiene un **capitán** que lidera y organiza a sus compañeros. Este jugador generalmente es uno de los apoyadores.

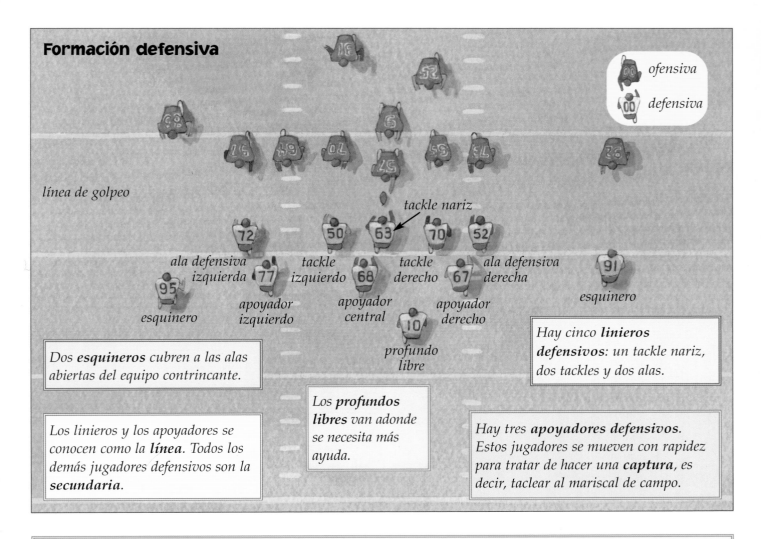

Formación defensiva

línea de golpeo

ofensiva

defensiva

tackle nariz

ala defensiva izquierda

tackle izquierdo

tackle derecho

ala defensiva derecha

esquinero

esquinero

apoyador izquierdo

apoyador central

apoyador derecho

profundo libre

Dos **esquineros** cubren a las alas abiertas del equipo contrincante.

Los linieros y los apoyadores se conocen como la **línea**. Todos los demás jugadores defensivos son la **secundaria**.

Los **profundos libres** van adonde se necesita más ayuda.

Hay cinco **linieros defensivos**: un tackle nariz, dos tackles y dos alas.

Hay tres **apoyadores defensivos**. Estos jugadores se mueven con rapidez para tratar de hacer una **captura**, es decir, taclear al mariscal de campo.

La defensiva también puede anotar

Los jugadores defensores pueden anotar de dos formas:

1. Si un defensor **intercepta** o atrapa un pase del rival, puede anotar un *touchdown* corriendo a la zona de anotación del contrincante.

2. Un **safety** es una jugada que anota dos puntos. Cuando un rival tiene el balón en su propia zona de anotación y es tacleado por un defensor, el equipo defensivo anota un safety. Esto sólo ocurre cuando un equipo debe comenzar su serie ofensiva muy cerca de su zona de anotación.

Los mariscales de campo a menudo deben retroceder para evitar la defensiva. Esta acción a veces lleva a un safety.

Reunirse, contar, centrar el balón

La ofensiva debe estar bien organizada para superar a los jugadores defensivos. Los jugadores ofensivos aprenden diversos planes de ataque, llamados **jugadas**. Las jugadas son estrategias ofensivas usadas para superar a la defensiva y lograr que el balón llegue a la zona de anotación. La defensiva también usa jugadas para detener la ofensiva. Antes de cada intento, la ofensiva tiene una breve reunión llamada **pelotón** o *huddle*. El mariscal de campo les dice a los jugadores qué jugada usarán. Los jugadores deben recordar su papel en cada jugada. El mariscal de campo también le dice al equipo qué **conteo** usará. El conteo es una serie secreta de números y palabras que el mariscal de campo grita al comenzar cada intento. Un ejemplo de conteo es "32, 17, 57, ¡hut!" Los números son un código para recordar la jugada. Cuando el mariscal de campo termina el conteo, el centro centra el balón y la jugada comienza. Sólo la ofensiva sabe cuándo terminará el conteo. Los jugadores están preparados para moverse en el instante en que se centre el balón. La defensiva observa el balón y por lo general reacciona una fracción de segundo después que de los jugadores ofensivos.

Centro

El balón debe centrarse con rapidez y precisión. Un buen saque permite que el centro bloquee a la defensiva y le da tiempo al mariscal de campo para jugar cómodamente. Puedes practicar centrar el balón con un amigo.

mariscal de campo

center

1. El mariscal de campo espera el balón con las manos relajadas y abiertas, listo para recibirlo.

El centro toma la parte delantera del balón, formando una "V" con el pulgar y los otros dedos, mientras observa al tackle nariz rival.

2. Una vez que el balón es centrado, el mariscal de campo lo sujeta bien antes de llevarlo al pecho y prepararse para lanzarlo o pasarlo.

tackle nariz

Después de que el centro suelta el balón, corre hacia delante para bloquear al tackle nariz.

Correr con el balón

Las **carreras** son el método de ataque más común, especialmente en el fútbol americano juvenil. El mariscal de campo entrega el balón a un corredor, quien luego corre tan lejos como puede hacia la zona de anotación antes de que lo tacleen. Un corredor inteligente siempre busca huecos en la línea defensiva por donde escabullirse.

Cuando te taclean, la jugada no termina hasta que una de tus rodillas toca el suelo. En ese momento, eres **derribado**. El árbitro principal suena el silbato para indicar que la jugada está **muerta**, es decir, detenida. Si se te cae el balón antes de que la jugada esté muerta, es un **balón suelto**. En este caso, el primer equipo que lo recupere tendrá la posesión del balón.

Para recibir el balón

Cuando te entreguen el balón, tómalo con ambas manos y llévalo hacia el cuerpo. Coloca la mano más cercana al mariscal de campo sobre el balón y la otra mano debajo.

Para entregar el balón

Sostén el balón cerca de uno de los extremos, para que tus manos no interfieran con la entrega. Extiende los brazos y coloca el balón entre las manos del corredor, a la altura del pecho.

Los linieros rivales tratan de capturar al mariscal de campo. Una entrega de balón rápida y cómoda permite que el mariscal de campo mueva el balón antes de ser tacleado.

Para llevar el balón

Después de tomar el balón, serás el blanco principal de los jugadores defensivos. No sólo tratarán de taclearte, sino de **arrebatarte** o quitarte el balón de las manos. Para proteger el balón, sostén uno de los extremos con una mano y con la otra presiónalo contra la axila.

Para proteger el balón

Cuando corras, aprieta el balón contra el pecho. Al avanzar entre un grupo de defensores, lleva el balón al centro del pecho y cruza ambos brazos sobre él.

Estira tu mano libre para mantener el equilibrio mientras corres.

Para romper tacleadas

Hasta el corredor más hábil y rápido es atrapado por la defensiva. Como es probable que te tacleen, es importante saber cómo ganar yardas adicionales aun después de que te sujeten. He aquí algunas cosas que puedes hacer para seguir avanzando.

Mantén el brazo libre estirado hacia el tacleador. Úsalo para defenderte de tu rival. Esta posición se llama **brazo extendido** y sólo los jugadores que llevan el balón pueden usarla.

Un cambio de dirección repentino puede desconcertar al tacleador. Si ves que se acerca un defensor, dirígete hacia él. Justo cuando el defensor arremete contra ti, gira un poco y esquívalo.

Si no hay forma de evitar la tacleada, enfréntala y sigue corriendo. ¡Imagina que corres atravesando a tu rival!

Pases

Sostén el balón con la mano que lo lanzará. Coloca el dedo índice entre los cordones y el extremo del balón, y los otros tres dedos tocando los cordones. El pulgar queda al otro lado del balón, opuesto al dedo índice.

Los **pases** son la forma más rápida de mover el balón distancias largas. Sin embargo, son más difíciles que las carreras. Los buenos pases requieren una buena comunicación entre el mariscal de campo y el receptor. Si el receptor no está listo, el paso puede ser interceptado o **incompleto**, es decir, no atrapado. Los receptores deben ponerse en posición rápidamente: el mariscal de campo puede ser capturado mientras espera a que el receptor esté listo para recibir el balón.

Para lanzar el balón

*Al lanzar el balón, gira la muñeca hacia abajo para darle rotación. La **rotación** hace que sea más fácil atrapar el balón.*

1. Toma el balón con la mano derecha (ver página 20). Usa la mano izquierda para estabilizar el balón. Cuando estés listo para dar el pase, lleva el brazo derecho hacia atrás. Pon el brazo izquierdo adelante para equilibrarte. Da un paso y carga el peso del cuerpo sobre el pie izquierdo.

2. Pon el balón detrás de la cabeza. Rápidamente levanta el brazo derecho por encima de la cabeza, formando un arco o curva. Suelta el balón cuando esté en la parte superior de ese arco. Todo tu peso estará ahora sobre el pie izquierdo. El talón derecho está levantado.

Estas son instrucciones para diestros. Los zurdos simplemente usen el lado opuesto.

Reglas para pases

He aquí algunas reglas importantes para los pases:

Sólo los jugadores del cuadro ofensivo o en el extremo de la línea pueden recibir un pase: son los **receptores elegibles**. En el ejemplo de abajo, el ala abierta derecha se ha colocado detrás de la línea. Ahora, el ala cerrada está en un extremo de la línea y es también un receptor elegible.

línea de golpeo

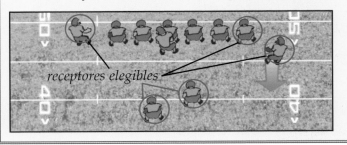

receptores elegibles

Una vez que el mariscal del campo (círculo azul) cruza la línea de golpeo, no puede hacer pases hacia delante. Puede hacer un **pase lateral** al corredor (círculo amarillo). Un pase lateral es un pase hacia atrás(nunca hacia delante).

Recibir el balón

Para recibir un pase, no sólo es cuestión de atrapar el balón: primero, debes estar **abierto**, es decir, disponible para atraparlo. Como receptor, tendrás esquineros y profundos libres acosándote incluso antes de recibir el balón. Afortunadamente, hay una serie de movimientos que puedes usar para evitar la defensiva y quedar abierto el tiempo suficiente para recibir el pase.

Para abrirse

1. Corre hacia el defensor, pero no a toda velocidad. Este movimiento lo hace retroceder y quedar un poco fuera de balance.

2. Cuando el defensor retroceda, cambia rápidamente de dirección. Este movimiento se llama **hacer el corte para el pase**. Gira a la derecha o izquierda para quedar de frente al mariscal de campo. Dado que el defensor está fuera de balance, le resultará difícil seguirte cuando hagas el corte.

3. También puedes tratar de **fintar** al defensor. Si quieres hacer un corte a la derecha, haz una finta dando unos pasos a la izquierda. En cuanto el defensor comience a seguirte, haz un corte a la derecha a toda velocidad. Una vez que hagas el corte, concéntrate en recibir el pase del mariscal de campo.

Para atrapar un pase

1. Cuando corres hacia el balón, espera con paciencia antes de levantar las manos. Cuando el balón esté cerca, levántalas a la altura de los hombros, con las palmas abiertas y hacia arriba. Los pulgares deben apuntar hacia adentro. Concéntrate en el balón.

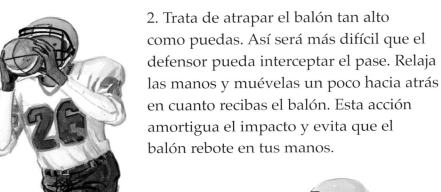

2. Trata de atrapar el balón tan alto como puedas. Así será más difícil que el defensor pueda interceptar el pase. Relaja las manos y muévelas un poco hacia atrás en cuanto recibas el balón. Esta acción amortigua el impacto y evita que el balón rebote en tus manos.

Ojos alertas, manos suaves

Una buena atrapada comienza con los ojos, no con las manos. Una vez que el balón se separa de los dedos del mariscal de campo, no le quites los ojos de encima. Relájate: las manos duras y los movimientos rígidos hacen que el balón rebote al recibirlo.

3. En cuanto atrapes el balón, llévalo firmemente al pecho (ver página 19). Te pueden taclear justo después de recibir el pase y no querrás soltar el balón. Si no te taclean, corre a toda velocidad hacia la zona de anotación.

Bloqueo

Los linieros ofensivos bloquean a los contrincantes a fin de darle tiempo al mariscal de campo para que lance un pase. También abren paso para que el corredor pueda avanzar a la zona de anotación.

Bolsa vacía

En una jugada de pase, los linieros ofensivos bloquean a los defensores para crear una **bolsa de protección** alrededor del mariscal de campo. Es un área libre de defensores. Mientras más tiempo puedan mantener la bolsa de protección libre de defensivos, más tiempo tendrá el mariscal de campo para lanzar un pase preciso.

Abrir el hueco

En las jugadas de carreras, los linieros tratan de hacer un hueco en la línea defensiva rival. Varios linieros trabajan juntos para bloquear a un grupo de defensores. El corredor puede así escabullirse por ese espacio sin que lo tacleen. A veces ambos guardias hacen un bloque conocido como *sweep*, en el que ambos bloquean un mismo lado de la defensiva para que el corredor pueda darle la vuelta.

(arriba) Los linieros empiezan cada jugada en la **posición de tres puntos**. Coloca una mano en el suelo y mantén la cabeza alta. Inclínate hacia delante a la altura de la cintura pero mantén la espalda recta.

Un ejercicio de bloqueo

Dibuja dos líneas, separadas unos diez pasos largos. Pídele a un amigo que sea el defensor y párate frente a él entre ambas líneas. El defensor tratará de cruzar la línea que está detrás de ti y tú intentarás mover a tu amigo hacia atrás, para que cruce la línea que está detrás de él.

24

Estos linieros han creado una bolsa de protección cómoda desde la cual el mariscal de campo puede lanzar un pase.

Para bloquear

1. Espera en la posición de tres puntos. En cuanto el mariscal de campo termine el conteo, avanza para enfrentar a tu rival. Mantén el cuerpo levemente agachado y las palmas de las manos abiertas hacia delante.

2. Mantén ambos pies en el suelo al hacer contacto con el defensor. Enderézate y con tus brazos dale a tu contrincante un rápido empujón en el pecho. Este movimiento lo hará retroceder y perder el equilibrio.

3. Usa empujones rápidos y ascendentes para hacer retroceder a tu rival. Mantén el cuerpo entre el defensor y el balón.

¡Patea!

En el cuarto intento, un equipo tiene tres opciones: despejar, intentar un gol de campo o continuar la serie ofensiva en busca de un primer intento o *touchdown*. Continuar la serie ofensiva es arriesgado. Si el equipo no consigue el primer intento, el otro equipo recibe el balón en la línea de golpeo. Generalmente, el equipo elige despejar. Al despejar, el equipo puede enviar el balón muy lejos. Esta acción acerca el balón a la zona de anotación del rival. Los contrincantes ahora tienen que recorrer mayor distancia para anotar un *touchdown*.

Hora de despejar

En un despeje, el centro centra el balón al pateador de despeje. En esta jugada, colócate diez yardas detrás del centro y espera el balón. Párate relajado, con las manos listas para atrapar el balón.

1. Atrapa el balón y rápidamente gíralo de modo que los cordones queden para arriba. Extiende los brazos para que el balón quede frente a tu cintura. Da un paso adelante con el pie con que pateas. Cuando comiences a dar un paso largo con el otro pie, deja caer el balón frente a la pierna con la que pateas.

2. Lleva esa pierna hacia delante para que el pie encuentre el balón a una altura de aproximadamente un pie sobre el suelo. Patea el centro del balón con el **empeine**. El empeine es la parte superior del pie, cerca del dedo gordo.

Mantén la vista en el balón durante todo el despeje. No te preocupes por lo que pasa alrededor tuyo.

Para patear un gol de campo

Si un equipo en un cuarto intento está a 35 yardas o menos de los postes, el equipo puede optar por intentar un gol de campo. En un intento de gol de campo, el **sujetador** se arrodilla unas cinco yardas detrás del centro. El centro le da el balón al sujetador, quien lo atrapa y rápidamente lo prepara para el pateador.

1. Párate dos o tres pasos largos detrás del sujetador. (Los pateadores diestros se paran un poco a la izquierda del sujetador; los zurdos, a la derecha).

2. Corre hacia el balón y planta el **pie de apoyo**, como se muestra a la derecha, junto al balón. La punta del pie de apoyo debe apuntar hacia los postes.

3. Patea el balón en el centro de la cinta inferior. **Acompaña el movimiento**, es decir, continúa el movimiento de la pierna para asegurar una patada potente que envíe el balón a gran altura por el aire.

(arriba) El intento de gol de campo debe ser una secuencia fluida y rápida. Los defensores saltarán y tratarán de bloquear la patada.

El sujetador usa un dedo para sostenerle el balón al pateador. Los cordones del balón quedan hacia delante.

Tacleo

El tacleo es uno de los aspectos más importantes del fútbol americano. Todos los jugadores defensivos deben ser buenos tacleadores para impedir que el otro equipo anote. No es fácil taclear. Es difícil derribar a un jugador contrario. Antes de poder taclear a quien lleva el balón, debes abrirte paso entre el bloqueo ofensivo. Esta técnica se llama **librarse del bloqueador**.

Cuando taclees a un contrincante, recuerda sujetar y golpear el balón hasta que suene el silbato. Si logras que el jugador suelte el balón, tu equipo puede recuperarlo.

Librarse del bloqueador

Los linieros ofensivos tratarán de bloquearte y hacerte hacia atrás para proteger a quien lleva el balón. Cuando te acerques a un liniero, agáchate un poco y corre directamente hacia él. Al llegar a él, muévete rápidamente hacia un costado. Mete los brazos por debajo de los de tu oponente. Hazlo a un lado, empujando hacia arriba con los brazos y el tronco. Ahora dirígete hacia quien lleva el balón para taclearlo.

Derríbalos

Al taclear, lo importante es separar del suelo los dos pies del jugador que lleva el balón, para asegurarse de que caiga. Cuando algunos jugadores taclean, toman al contrincante por el torso y empujan. En esa posición, sin embargo, sus pies seguirán en el suelo. El rival puede retorcerse y liberarse. Recuerda que la jugada no se detiene hasta que la rodilla de quien tiene el balón toca el suelo.

Cuando sujetes a quien tiene el balón, trata de levantarlo en forma abrupta. Este movimiento despega los pies del jugador del suelo. Inmediatamente después, derríbalo.

Notas sobre las tacleadas

La cintura del oponente es la mejor zona para intentar la tacleada. Los corredores pueden engañarte con movimientos de ojos, cabeza, brazos y piernas. La cintura, o **abdomen**, es un blanco fijo en un corredor.

Una **tacleada voladora** puede detener a tu rival, pero es muy probable que falles si el jugador se mueve después de que saltes.

NUNCA golpees a otro jugador con la cabeza. Aunque uses casco, ¡puedes lesionarte gravemente! Usa el hombro para hacer contacto con tu rival.

En un partido, las tacleadas no serán suaves ni fáciles. Recuerda: el fútbol americano es un deporte de equipo. Haz todo lo que puedas para frenar a quien lleva el balón. Pronto tus compañeros estarán allí para ayudarte.

Al taclear, SIEMPRE mantén la cabeza alta y la mirada en quien lleva el balón.

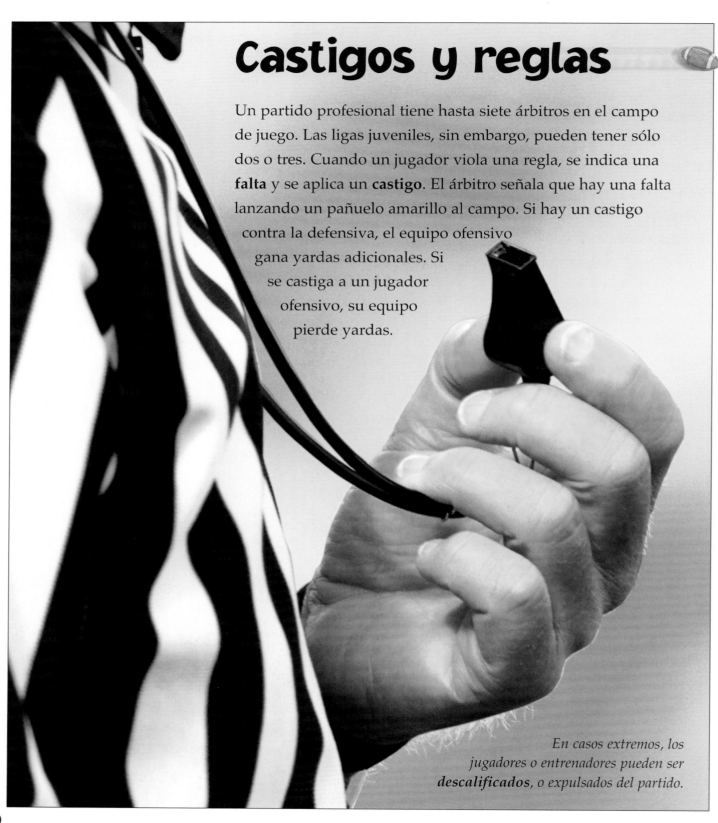

Castigos y reglas

Un partido profesional tiene hasta siete árbitros en el campo de juego. Las ligas juveniles, sin embargo, pueden tener sólo dos o tres. Cuando un jugador viola una regla, se indica una **falta** y se aplica un **castigo**. El árbitro señala que hay una falta lanzando un pañuelo amarillo al campo. Si hay un castigo contra la defensiva, el equipo ofensivo gana yardas adicionales. Si se castiga a un jugador ofensivo, su equipo pierde yardas.

*En casos extremos, los jugadores o entrenadores pueden ser **descalificados**, o expulsados del partido.*

Calcular el daño

La siguiente lista enumera las faltas más comunes y los castigos que se aplican por cada una:

Castigos de cinco yardas

Fuera de lugar o cruce con contacto. No puedes cruzar la línea de golpeo antes que el centro entregue el balón.

Formación ilegal. Los jugadores de cada equipo deben colocarse en ciertas formaciones. Por ejemplo, si el equipo ofensivo tiene menos de siete jugadores en la línea de golpeo, es castigado.

Retraso de juego. El árbitro principal hace sonar el silbato antes de cada intento. A partir del silbatazo, la ofensiva no puede tardar más de 25 segundos en centrar el balón.

Pase intencionalmente incompleto. El mariscal de campo debe lanzar el balón a un receptor específico y elegible. Si lanza el balón sólo para evitar ser capturado, esta falta se llama pase intencionalmente incompleto.

Castigos de diez yardas

Sujetando. No se puede sujetar ninguna parte del uniforme del contrincante, salvo que tenga el balón.

Golpe en la cabeza del bloqueador. No se puede golpear la cabeza del bloqueador.

Castigos de quince yardas

Sujetando la máscara. No puedes sujetar ninguna parte del casco de un contrincante.

Golpe tardío. No se puede golpear ni taclear a un rival después de que ha sonado el silbato.

Interferencia de pase. Un defensor no puede sujetar ni detener a un receptor antes de que atrape el balón.

Pelea. No se puede pelear con un contrincante. Además del castigo para tu equipo, serás descalificado.

¿Aceptan o rechazan?

El equipo que se beneficia con un castigo puede **rechazarlo**. Por ejemplo, si la ofensiva lanza un pase incompleto y a la defensiva se le castiga con diez yardas, la ofensiva aceptará el castigo y avanzará diez yardas. Sin embargo, si la ofensiva completó el pase y ganó 23 yardas, la ofensiva rechazará el castigo porque la ganancia de 23 yardas del pase es mejor que las diez yardas del castigo.

Muchas ligas

La **National Football League**, o **NFL**, es la principal liga de fútbol americano de los Estados Unidos. Las universidades y escuelas secundarias también tienen ligas. Los muchachos y muchachas pueden jugar en ligas recreativas locales o en ligas organizadas, como las ligas **Pop Warner**™. Las ligas canadienses juegan una versión de fútbol americano con tres intentos, no cuatro. Los equipos canadienses tienen doce jugadores y un campo de juego más grande.

Terminología del fútbol americano

Nota: Es posible que las palabras en negrita que están definidas en el texto no aparezcan en el glosario.

bolsa de protección Área alrededor del mariscal de campo que los linieros tratan de mantener libre de contrincantes

centrar el balón Jugada en la que el centro le da el balón a un compañero para comenzar un intento

conversión Jugada de anotación después de un *touchdown*

cuadro ofensivo Los jugadores ofensivos que generalmente manejan el balón

derribado Jugador que lleva el balón y cuya rodilla está en el suelo

desempate tipo Kansas City Sistema usado en ligas juveniles para romper empates. En este sistema, cada equipo tiene cuatro oportunidades de anotar desde la yarda 10

equipos especiales Unidades de un equipo que juegan en las patadas iniciales, las patadas de despeje y los intentos de gol de campo

intento Jugada ofensiva que termina cuando quien lleva el balón es tacleado o sacado del campo de juego

línea (1) Los jugadores ofensivos que mediante el bloqueo protegen al que lleva el balón; (2) Los jugadores defensivos que impiden que los que llevan el balón crucen la línea de golpeo

línea de golpeo Línea imaginaria que indica hasta dónde ha avanzado la ofensiva

posición de tres puntos Describe una posición en la que los jugadores de línea esperan a que el balón sea centrado

profundo Jugador defensivo que es el último entre la zona de anotación y la ofensiva

receptor elegible Jugador ofensivo que puede recibir pases

Safety Jugada de anotación que ocurre cuando un jugador ofensivo con el balón es tacleado en su propia zona de anotación

secundaria Jugadores defensivos que protegen contra pases y carreras largos

serie ofensiva Serie de jugadas entre el momento en que un equipo recibe el balón y el momento en que lo pierde

Índice

1 2 3 4 5 6 7 8 9 0   Impreso en Canadá   4 3 2 1 0 9 8 7 6 5